**GOLDMANN
CARTOON**

Autor

Buddy Hickerson lebt und arbeitet in Dallas, Texas. Seine Zeichnungen erscheinen unter dem Namen *The Quigmans* täglich in einigen der größten amerikanischen Zeitungen wie *The Los Angeles Times*, *The Chicago Tribune* oder der *The San Francisco Chronicle*.

Buddy Hickerson

Ruf den Klempner!

Aus dem Amerikanischen
von Brigitte Huzly

GOLDMANN VERLAG

Deutsche Erstausgabe

Die Originalausgabe erschien unter dem Titel
»The Quigmans« bei Harmony Books, New York

Der Goldmann Verlag
ist ein Unternehmen der Verlagsgruppe Bertelsmann

Made in Germany · 1. Auflage · 1/92
© der Originalausgabe 1990 by Los Angeles Times Syndicate
© der deutschsprachigen Ausgabe 1992
by Wilhelm Goldmann Verlag, München
Umschlaggestaltung: Design Team München
Umschlagillustration: Buddy Hickerson
Lettering: Detlef Beck
Satz: IBV Satz- und Datentechnik GmbH, Berlin
Druck: Presse-Druck, Augsburg
Verlagsnummer: 7948
Lektorat: Ulrich Genzler
Redaktion: Christoph Göhler
Herstellung: Peter Papenbrok
ISBN 3-442-07948-9

Nach 40 Jahren treuen Diensten erhält Bob zum
Abschied einen Dankesziegel.

»Oh, Francine. Du ißt ja wie ein Spatz!«

Gehemmt durch sein mangelndes Selbstbewußtsein, übernimmt Bob einen Job als Bodenwelle.

»Böser Hund! *Böser Hund!* Du sollst keine Perlen
zu Karo tragen! *Idiot!*«

»Ich hab' dir ja gesagt, daß ein unkastrierter Kater
sein Terrain markiert.«

»Ja, meine Damen und Herren . . . Es sieht so aus,
als wäre Bob frühzeitig in Führung gegangen. Er
ist vor allen anderen ganz schön alt, fett und häß-
lich geworden.«

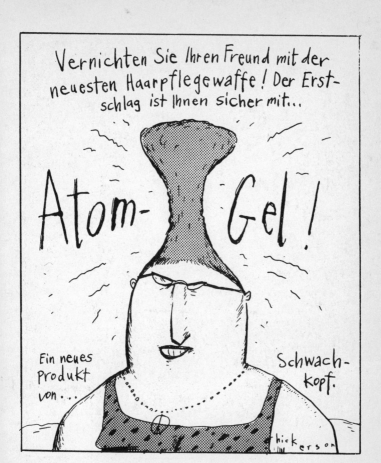

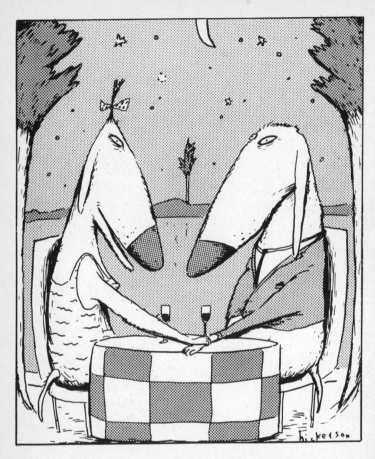

»Oh, Jowles . . . Ich möchte dir den Abend nicht
verderben, aber bist du eigentlich kastriert?«

»Wo gibt's hier getoastetes Weißbrot?«

»Hübscher Teppich, Mr. Quigman. Sie wollen
bestimmt nicht, daß dem etwas passiert. Oder
etwa *doch*?«

Die Frauen am Strand kleiden Bob mit ihren
Blicken an.

»Oh, Bob! Das ist deine sechste Flasche. Bei
4711 werde ich einfach *schwach!*«

Bob nahm sich für das neue Jahr vor, ein klein wenig oder vielleicht sogar noch etwas mehr Selbstbewußtsein zu zeigen... aber natürlich nur, wenn es niemanden störte.

Für Moe war der Abend gelaufen, als er hörte,
daß seine Begleiterin auch etwas essen wollte.

»Halt durch, Marcie. Mit dem Bein kannst du immer noch einkaufen. Jetzt stürmen wir die Blusenabteilung!«

»Marcie! Der Hund muß vom Tisch! Er hat die
falsche Gabel genommen!«

»Ich dachte mir, daß du es magst ... Es ist mein neues Parfüm aus 17 Kräutern und Gewürzen.«

»Geld her, Süße... oder ich erzähl herum, daß du eine Affäre mit *mir* gehabt hast, dem häßlichsten Kerl in der Welt! *Hahahahaha!*«

»Toll! Dieser Gästefänger ist wirklich sein Geld
wert, Schatz.«

Avant-Gard-Hund

Eine ergreifende Szene aus dem Film »Der Elefan-
tenhund«.

Drive-In-Comedy

Bob tritt eine Mutterreise an.

»Dieser Anzug paßt wirklich mal gut zu deinen Augen.«

»Ich möchte einen großen matschigen Cheese-
burger. Aber lassen Sie das Fleisch weg, und tun
Sie dafür Quark rein.«

Und Moses führte die Linksabbieger.

»Auweia! Barbie und Ken waren doch zu lange in
der Sauna.«

»Nun... Es ist unser erstes Rendezvous. Was hälst du von Essengehen, Kino und einem Bluttest?«

Und ein Wunder geschah, genau wie es sich Enid Kronkman gewünscht hatte. Die IQ-Fee war zu ihm gekommen.

»Wir müssen diesen Planeten verlassen. *Schnell!*
Ich bin noch nie so ... *benutzt* worden!«

»Nun, Mr. Barney... Ihre latente Unsicherheit
rührt daher, daß Sie sich schämen, eine Zeichen-
trickfigur mit riesigen Plattfüßen zu sein.«

Helens Faible für Vollwertkost und Sinn für Rein-
lichkeit entwickelten sich zu einer gefährlichen
Manie, als sie Weizenkeimshampoo zu trinken
begann.

»Und dann, Shirley, wenn du dreizehn bist...
passiert jeden Monat etwas Wunderbares... Du
bekommst deine MasterCard-Rechnung.«

»Ich weiß nicht, Cowboy Bob… Mir haben durchstochene Ohrläppchen bei Männern noch nie gefallen.«

Um der nachlassenden Popularität dieses Cartoons Einhalt zu gebieten, möchte ich eine neue Figur einführen... Es ist KUSCHEL, das unwiderstehliche Hündchen mit den GROSSEN, FEUCHTEN Augen!

hickerson

»Hallo! Ist hier denn keiner?«

Zu Bobs großem Leidwesen schnitten ihm selbst
Boxershorts ins Fleisch.

»Also Kinder! Wollen wir losziehen, uns ein paar tierische Tätowierungen machen lassen und mit den Hell's Angels nach Frisco düsen?«

»Wie du siehst, ist mein Viertel wirklich mo-
dern!«

Bob leidet unter Lift-lag.

Ein schlecht organisierter Raubüberfall.

»Nun ... der Scania ist ziemlich knusprig ...
mampf, mampf ... aber der MAN – schluck – ist
doch noch schmackhafter.«

Zum Trost malte Bob sich aus, er habe »Frauen-
schutzfaktor 20« aufgetragen.

»O *nein*, Bob! Du hast aus Versehen ein Harmo-
nika-Lehrbuch gekauft.«

»O Bob ... Ich liebe starke, ruhige, saugfähige, schmutzabweisende Typen.«

»Ich kann's mir nicht erklären, Doktor. Manchmal mache ich die Augen auf und der Helm und das ganze Zeug sind *da*.«

»Dein Anruf kommt sehr ungelegen, Bob. Versuch's in zehn Jahren noch mal!«

Crime-Channel

Hochzeitstorten
Hollywood
Ohne Extras
Bräutigam mit kalten Füßen
Die 60er Jahre
Ja, wir wollen!!
hickerson

»Reste von gestern für mich und für sie das gleiche.«

Hallo. Wissen Sie, wer ich bin? Ich auch nicht,
deshalb: Amnesia Express!«

Wenn Bob aufgeregt war, neigte er zum Lippen-
beißen.

»Für euch, Kinderchen . . . *Abgelutschte* Eisstiele!
Hahahahaha!!!«

Dschungel-Kosmetikerin

»Schatz! Krieg ich dazu noch Gulasch und Knödel?«

»Nun, General Barksider... Ich möchte einen
Antrag stellen... Wollen Sie mich heiraten?«

»Butch, du bist ein netter Kerl und alles und warst zum Glück nie krank, aber … du scheinst auch immun gegen jede Art von Intelligenz zu sein.«

»Bob, hör endlich auf damit, dem Hund Kunst-
stücke beizubringen!«

»Das ist mein Lunchpaket!«

»Rennt um euer Leben! Es ist die Schweizer
Armee!«

Napoleons Geheimnis